कविता संग्रह

अर्जुन पंडित

लेखक का निवेदन

इस पुस्तक में मेरे द्वारा अलग-अलग समय पर लिखी गई कुछ कविताओं का संग्रह है। लगभग 5-6 वर्ष पहले मुझे अचानक ही कविता लिखने की इच्छा हुई। मैंने अपनी सबसे पहली कविता "स्वच्छ भारत" लिखी। जो कि एक सरल और साधारण कविता है। उस कविता को देखकर कोई सामान्य विद्यार्थी भी उसी के जैसी अन्य कविताएं लिख सकता है। उसके बाद मैंने अलग-अलग समय पर अन्य कविताएं लिखी। हालांकि मेरी कविताओं में किसी वरिष्ठ कवि की कविताओं की तरह छंद व पदबंध तो नहीं मिल पाएंगे। किंतु मुझे आशा है कि मेरी यह कविताएं पाठकों को पसंद अवश्य आएंगी। क्योंकि मैंने यह कविताएं लिखना किसी अन्य व्यक्ति से नहीं सीखा है बल्कि स्वतः ही जो मन आया बस उसे लिखना आरंभ कर दिया, अतः इनमें कहीं पर कुछ त्रुटियां होने की भी संभावना है। परंतु मैंने सभी कविताओं को सही लिखने का पूर्ण प्रयास किया है। मैं समस्त पाठकों के सुझावों एवं समीक्षाओं का पूर्ण स्वागत करता हूं। यदि पाठकों को मेरी कविताओं में कोई त्रुटि मिलती है तो उसके लिए मैं क्षमा प्रार्थी हूं। कृपया उसे लिखकर हमें हमारी ईमेल आईडी arjun.pandatji@gmail.com पर भेज दें। यदि आपको हमारी कविताएं पसंद आएं तो कृपया हमें ईमेल कर हमारा उत्साहवर्धन अवश्य करें।

धन्यवाद।

क्रम-सूची

समर्पण

यह कविता संग्रह में अपने पिताजी स्वर्गीय श्री देशराज सिंह उपाध्याय को समर्पित करता हूं जिन्होंने मुझे शिक्षा के लिए सदैव प्रेरित किया।

हालांकि वें स्वयं इतने पढ़े-लिखे नहीं थे किंतु उनका सपना था कि वें मुझे अवश्य शिक्षित बनाएं। उन्होंने जीवन भर अनेकों संघर्ष किए किंतु कभी मेरी पढ़ाई नहीं छूटने दी और मुझे इस काबिल बनाया कि मैं न केवल स्वयं पढ़ने लिखने में सक्षम हुं, बल्कि अनेकों विद्यार्थियों के जीवन को ज्ञान के प्रकाश से परिपूर्ण करने में अपना सहयोग दे रहा हूं।

1. "स्वच्छ भारत"

[यह कविता मैंने लगभग 5 वर्ष पहले लिखी थी। इसमें मैंने अपने देश भारत को स्वच्छ रखने के लिए सभी से अपील की है। यह कविता मैं देश के हर उस व्यक्ति को समर्पित करता हूं जो देश को स्वच्छ व स्वस्थ रखने में किसी भी प्रकार से अपना योगदान दे रहे हैं।]

यह स्वर्ग सा देश मेरा,
है भारत इसका नाम।
इसको स्वच्छ रखना,
हर भारतीय का काम।
स्वच्छ रखो इसे हमेशा,
सुबह हो या शाम।
जब देश स्वच्छ यह होगा,
खुश होंगे रहीम और राम।
रखो आपस में भाईचारा,
यह कहते चारों धाम।
मेरा देश सशक्त होगा,
देखेगा जग यह तमाम।
यह स्वर्ग सा देश मेरा,
है भारत इसका नाम।

2. "मजदूर दिवस"

[जैसा कि हम सभी जानते हैं कि संपूर्ण विश्व में "1 मई" "मजदूर दिवस" के रूप में मनाया जाता है। यह कविता मैंने मजदूर दिवस के उपलक्ष में लिखी है। यह कविता मैं सभी मजदूर भाइयों को समर्पित करता हूं।]

माना कि वो मजबूर हैं,
पर लगन से भरपूर हैं।
यह दिन उन्हीं के नाम है,
जिन्हें कहते सब मजदूर हैं।
मेहनत से उनका नाम है,
हिम्मत से उनका काम है।
कोई काम छोटा-बड़ा नहीं,
यह दुनिया को पैगाम है।
मेहनत से अपनी आज भी,
वह दुनिया में मशहूर हैं।
यह दिन उन्हीं के नाम है,
जिन्हें कहते सब मजदूर हैं।
अपने हर काम को अंजाम देते हैं।
मेहनत से जीवन जीने का पैगाम देते हैं।
वह रोज कुआं खोदते हैं, रोज पानी पीते हैं।

मेहनत से अपने बच्चों को मुस्कान देते हैं।
वह सच्चे ईमानदार हैं और बेईमानी से दूर हैं।
यह दिन उन्हीं के नाम है,
जिन्हें कहते सब मजदूर हैं।
आज मैं अति आवश्यक काम करता हूं।
मैं उनको आज हृदय से प्रणाम करता हूं।
इस देश की मजबूती हैं, जो देश के सच्चे सिपाही हैं।
समस्त कविता आज उन्हीं के नाम करता हूं।
हमारे सहायक हैं वो,
उन पर हमें गुरूर है।
यह दिन उन्हीं के नाम है,
जिन्हें कहते सब मजदूर हैं।

3. "मदर्स डे"

[जब सब लोग मदर्स डे के संदेश एक दूसरे को भेज रहे थे। तब मुझे भी इस से जुड़े कुछ संदेश प्राप्त हुए। किंतु मैंने विचार किया कि हमारे भारत देश की संस्कृति में हर बच्चा अपनी मां से सदैव जुड़ा रहता है। अतः मेरे अनुसार यहां हर दिन मदर्स डे होता है। इसी बात को विस्तारित रूप में व्यक्त करने के लिए मैंने अपनी यह कविता लिखी है। जिसको मैं अपनी माताजी श्रीमती राजेश देवी को समर्पित करता हूं।]

यहां बेड पर बच्चा उठता है,
पर मां की गोद में सोता है।
यह हिंदुस्तान की बात है,
यहां रोज मदर्स डे होता है।
आकाश के तारों से भी ज्यादा,
मां ने हैं उपकार किए।
अपने जीवन के सुख सारे,
हमारे ऊपर वार दिए।
खुद जीवन भर मेहनत करके,
हमको अच्छी शिक्षा दी।
सोने और चांदी से महंगे,

हैं हमको संस्कार दिए।
मां का प्यार ही सच्चा प्यार है,
बाकी सब समझौता है।
यह हिंदुस्तान की बात है,
यहां रोज मदर्स डे होता है।
माता की ममता का कभी,
ना हो सकता बटवारा है।
मां का सबसे कुरूप बच्चा,
मां को सबसे प्यारा है।
माता की ममता के जैसी,
दूसरी कोई मिसाल नहीं।
मां का आशीर्वाद लेता,
हिंदुस्तान यह सारा है।
यहां मां से पिट करके भी बच्चा,
मां ही कह कर रोता है।
यह हिंदुस्तान की बात है,
यहां रोज मदर्स डे होता है।

4. "मध्यकालीन भारत का इतिहास"

[हमें बताया जाता है कि हमारा भारत देश कभी सोने की चिड़िया हुआ करता था। हमारा भारत देश एक ऐसा स्थान जहां पर दुनिया को जीतने वाला सम्राट सिकंदर भी आकर घुटने टेक गया था। तो फिर ऐसा क्या कारण हुआ कि हमारे देश परमवीर, शूर वीरों के देश भारत को अनेकों वर्षों तक पराधीन रहना पड़ा। आखिर किन परिस्थितियों में और कैसे परदेसी आक्रांताओं कि इतनी हिम्मत हो गई कि उन्होंने हमारे इस देश पर अपना शासन स्थापित कर लिया। इसी का वर्णन मैंने अपनी कविता मध्यकालीन भारत में किया है जिसका प्रथम भाग में इस पुस्तक में प्रस्तुत कर रहा हूं।]

मध्यकालीन भारत का इतिहास,
आज तुम्हें बतलाता हूं।
भारत का रहने वाला हूं,
भारत की बात सुनाता हूं।
महमूद गजनबी ने हम पर,
आक्रमण 17 बार किए।

जयपाल और आनंदपाल पर,
जाने कितने प्रहार किए।
हम भारतवासी सोच रहे थे,
मंत्र काम में आएंगे।
हम करते रहे ईश्वर की पूजा,
ईश्वर हमें बचाएंगे।
यह पूजा और अहिंसा,
ना हर बार काम में आती है।
जो धड़ से अलग गर्दन कर दे,
तलवार काम में आती है।
गजनबी गया गोरी आया,
अब उसकी बारी आई थी।
भारत के शेर पृथ्वीराज ने उसको,
नानी याद दिलाई थी।
100 किलो का भाला पृथ्वीराज का,
60 किलो की वह तलवार थी।
वह लाल सुर्ख आंखें जिनमे,
गोरी की मौत सवार थी।
तिराइन की धरती लाल कर दी,
सिंह पृथ्वीराज ने।
गौरी को औकात बता दी,
देश के जांबाज ने।
जीवन की भीख मांगे गोरी,
उस रण में हाथ जोड़कर।
पृथ्वीराज ने गलती कर दी,
उसको जिंदा छोड़कर।
महमूद गजनबी या गोरी,

ना इन बन्दों से हारे हैं।
तुम्हें बताऊं इसी देश के,
जयचंदों से हारे हैं।
पृथ्वीराज का दुश्मन जयचंद,
मन में बहुत हर्षाया था।
सारे भेद दे कर उसने फिर,
गोरी को बुलवाया था।
बड़ी सेना संग बिना बताए,
गोरी हिंद में आया था।
सोते हुए पृथ्वीराज को उसने,
धोखे से उठवाया था।
सदैव जयचंद का नाम लिखूंगा,
इस देश के गद्दारों में।
अरे सिंहों की गर्दन कटवा दी,
चूहों के दरबारों में।

5. "गणतंत्र दिवस"

[यह कविता मैंने 26 जनवरी 2019 को लिखी थी।
इस कविता में मैंने यह बताने का प्रयास किया है
कि कितने संघर्षों के बाद हमें गणतंत्र मिला था। मैं
यह कविता देश के सभी वीर स्वतंत्रता सेनानियों
को समर्पित करता हूं।]

जख्म बहुत हैं हमने खाए,
अपनों से बेगानों से।
तब जाकर गणतंत्र मिला,
कोटि-कोटि बलिदानों से।
परदेसी अक्रांताओं ने मिलकर,
हमको बहुत सताया था।
धन-दौलत सब लूट हमारी
अत्याचार मचाया था।
जब-जब भारत की धरती पर,
अकबर के संताप हुए।
वीर-शिवाजी, महा-मराठा,
महाराणा प्रताप हुए।
इटकर लोहा लिया उन्होंने,
खिलजी से सुल्तानों से।
तब जाकर गणतंत्र मिला,

कोटि-कोटि बलिदानों से।
बलबन आया, तुगलक आया,
गोरी से मरदूद आए।
बाबर आया लोधी आया,
शूरी और महमूद आए।
अत्याचारों से दहलाया,
धमकाया और मारा था।
फिर भी ना भयभीत हुए,
हमने उनको ललकारा था।
दी शहादत बच्चों के संग,
पर ना डरे शैतानों से।
तब जाकर गणतंत्र मिला,
कोटि-कोटि बलिदानों से।
मुगल हराकर अंग्रेज आए,
खुद पर बेहद नाज किया।
सौ से भी ज्यादा वर्षों तक,
हिंदुस्तान पर राज किया।
वीर भगत सिंह, चंद्रशेखर,
सुखदेव और राजगुरु,
इनके इंकलाबी नारों से,
हो गया हिलना ताज शुरू।
गिरी सल्तनत अंग्रेजों की,
देश के वीर जवानों से।
तब जाकर गणतंत्र मिला,
कोटि-कोटि बलिदानों से।
क्या खोकर आजादी पाई,
सबको यह बतलाना है।

यहीं जिएंगे यहीं मरेंगे,
अपना फर्ज निभाना है।
भीमराव ने लिखी जो पुस्तक,
उसका यही सार है-
शिक्षा, रोटी, घर और कपड़ा,
जन-जन का अधिकार है।
गूंज रही थी करुण पुकारें,
धरती और आसमानों से।
तब जाकर गणतंत्र मिला,
कोटि-कोटि बलिदानों से।

6. "मातृभाषा 'हिंदी' "

[आज जब मैं भारत की नई पीढ़ी को पश्चिमी संस्कृति और पश्चिमी भाषाओं की ओर आकर्षित होते हुए देखता हूं, तो मुझे लगता है कि उन्हें अपनी मातृभाषा और इसके महत्व के बारे में जानकारी देने की आवश्यकता है। मैं पश्चिमी भाषाओं का विरोधी नहीं हूं किंतु जब मैं देखता हूं कि आज भारत के कुछ लोग हिंदी बोलने में शर्म महसूस करते हैं और हिंदी बोलने वाले को कम ज्ञानी के रूप में देखते हैं तो दुख होता है। अपनी मातृभाषा के लिए मैंने यह कविता लिखी है जिसको मैं अपनी भारतीय नई पीढ़ी को समर्पित करता हूं।]

आदिकाल समय से अपने,
परिवेश की परिभाषा है।
आओ बच्चों तुम्हें बताएं,
हिंदी मातृभाषा है।
संस्कृत से चलकर प्राकृत से होकर,
हम हिंदी तक आए हैं।
जयशंकर, प्रेमचंद्र, द्विवेदी,
गुरु जी हमने पाए हैं।

अवधी, मैथिली और ब्रजभाषा
का इसमें सहयोग है।
उर्दू मराठी और गुजराती,
इन सब का भी योग है।
हिंदी से हम, हम से हिंदी,
ही हिंदुस्तान की आशा है।
आओ बच्चों तुम्हें बताएं,
हिंदी मातृभाषा है।
मात्र इक भाषा इसे ना समझो,
यह अपनी पहचान है।
जन-जन को तुम यह बता दो,
हिंदी अपनी जान है।
शौर्य गाथा वीरों की,
हृदय में जिंदी रहने दो।
जुबां पर भाषा कोई भी हो,
पर दिलों में हिंदी रहने दो।
हिंदी का सम्मान,
कवि अर्जुन पंडित की अभिलाषा है।
आओ बच्चों तुम्हें बताएं,
हिंदी मातृभाषा है।

7. "परीक्षा"

[सर्दियों की छुट्टियों के बाद जब वार्षिक परीक्षाएं आने वाली थी। तब अपने छात्र-छात्राओं को संबोधित करते हुए उन्हें परीक्षा के लिए उत्साहित करने के लिए मैंने यह कविता लिखी थी। यह कविता मैं अपने सभी छात्र छात्राओं को समर्पित करता हूं।]

दिनभर अब तो पढ़ना है,
कोई समय नहीं अब खाली है।
प्रारंभ पुनः प्रयास करो,
परीक्षा आने वाली है।
मैथ सॉल्व अब करना है,
इंग्लिश को हरदम पढ़ना है।
हिंदी को भी कम ना समझो,
मात्राओं से लड़ना है।
साइंस के फार्मूले को समझो,
फिर बैठ के उसको याद करो।
पहले कंप्यूटर पढ़कर सीखो,
प्रैक्टिकल उसके बाद करो।
हिस्ट्री सिविक्स और जियोग्राफी,
इन की बात निराली है।

प्रारंभ पुनः प्रयास करो,
परीक्षा आने वाली है।
विंटर ब्रेक की होलीडेज में,
मस्ती खूब बनाई है।
बैट-बॉल सब उठा के रख दो,
करनी अब तो पढ़ाई है।
मम्मी-पापा की इच्छा को,
अब तो पूरा करना है।
आंसर सारे लिख करके,
कॉपी को पूरा भरना है।
मम्मी-पापा की इच्छा में ही,
तो अपनी खुशहाली है।
प्रारंभ पुनः प्रयास करो,
परीक्षा आने वाली है।

8. "कक्षा का अंतिम दिन"

[वार्षिक परीक्षा के प्रारंभ होने से पहले जब कक्षा का अंतिम दिन था। तब मैंने कक्षा के समस्त छात्र छात्राओं को संबोधित करते हुए यह कविता उन्हीं के लिए लिखी थी। इस कविता में मैंने अपनी कक्षा के बच्चों के प्रति अपनी भावनाएं व्यक्त की हैं। मैं इस कविता को भी अपने सभी छात्र-छात्राओं को समर्पित करता हूं।]

गुरुजनों का कहना मानते,
आदर सम्मान करते हो।
बेशक अंग्रेजी बोलने में तुम,
थोड़े कच्चे लगते हो।
अप्रैल महीना मिले थे तुमसे,
तब तो हम अनजान थे।
एक वर्ष है बीत चुका,
तुम मुझको अच्छे लगते हो।
मैथ्स, साइंस की कैलकुलेशन,
तुमको सभी सिखाई हैं।
जग में तुम सम्मान पाओ,
ऐसी बातें बताई हैं।
माना तुमको डांटा भी,

हमने आवश्कता पड़ने पर।
प्यारे बच्चों तुम जानते हो,
कि लक्ष्य सिर्फ पढ़ाई है।
कोई कमी निकालें अगर तुम में,
मैं आग बबूला होता हूं।
हृदय से तुम्हें बताता हूं,
तुम अपने बच्चे लगते हो।
अप्रैल महीना मिले थे तुमसे,
तब तो हम अनजान थे।
एक वर्ष है बीत चुका,
तुम मुझको अच्छे लगते हो।
इस पूरे साल की यादों को,
मैं अपने साथ रखूंगा।
इस आदर और सम्मान को,
मैं बिल्कुल याद रखूंगा।
यह टीचर्स डे और चिल्ड्रन डे,
बिल्कुल ना भुला जाएगा।
प्यारे बच्चों की यादों को,
मैं अपने साथ रखुंगा।
कोई झूठा या कामचोर कहे,
होता मुझको विश्वास नहीं।
विश्वास मेरा यह अटल है,
कि तुम मुझको सच्चे लगते हो।
अप्रैल महीना मिले थे तुम से,
तब तो हम अनजान थे।
एक वर्ष है बीत चुका,
तुम मुझको अच्छे लगते हो।

9. "जमदग्नि पब्लिक स्कूल"

[यह कविता मैंने अपने विद्यालय जमदग्नि पब्लिक स्कूल के लिए लिखी है। जहां मैं लगभग 5 वर्षों से अध्यापन का कार्य कर रहा हूं। मैं इस कविता को अपने विद्यालय जमदग्नि पब्लिक स्कूल को समर्पित करता हूं।]

आज कविता लिख दी मैंने,
उस स्कूल के नाम है।
शिक्षा संग संस्कार सिखाना,
जिस स्कूल का काम है।
जमदग्नि स्कूल, जमदग्नि स्कूल
जमदग्नि स्कूल दैट इज जमदग्नि स्कूल।
प्रिंसिपल जहां की ज्ञान का सागर,
अनुशासन वह चाहती हैं।
मेहनत, हिम्मत, लगन, परिश्रम
सबको यही सिखाती हैं।
सर्वश्रेष्ठता और गुणवत्ता,
जहां की यह पहचान हैं।
शिक्षा संग संस्कार सिखाना,

जिस स्कूल का काम है।
जमदग्नि स्कूल, जमदग्नि स्कूल
जमदग्नि स्कूल दैट इज जमदग्नि स्कूल।
कुछ टीचर वहां लक्सर से,
कुछ हरिद्वार से आते हैं।
बेस्ट मेथड और बड़े प्रेम से,
बच्चों को सिखलाते हैं।
नंबर वन वो स्कूल क्षेत्र का,
दूर-दूर तक नाम है।
शिक्षा संग संस्कार सिखाना,
जिस स्कूल का काम है।
जमदग्नि स्कूल, जमदग्नि स्कूल
जमदग्नि स्कूल दैट इज जमदग्नि स्कूल।
बच्चे हैं वहां संघर्षशील,
मेहनत करने से ना डरते हैं।
गुरुजनों का कहना मानें,
झगड़ा कभी ना करते हैं।
शिक्षा है जन-जन का अधिकार,
वहां का यह पैगाम है।
शिक्षा संग संस्कार सिखाना,
जिस स्कूल का काम है।
जमदग्नि स्कूल, जमदग्नि स्कूल
जमदग्नि स्कूल दैट इज जमदग्नि स्कूल।